Merry Christmas Joyeux Noël Frohe Weihnachten

oyeux Noël Frohe Weihnachten M
Weihnachten Merry Christmas Joyeu
y Christmas Joyeux Noël Frohe W
oyeux Noël Frohe Weihnachten M
Weihnachten Merry Christmas Joyeu
y Christmas Joyeux Noël Frohe W
oyeux Noël Frohe Weihnachten M
Weihnachten Merry Christmas Joyeu
y Christmas Joyeux Noël Frohe W
oyeux Noël Frohe Weihnachten M
Weihnachten Merry Christmas Joyeu
y Christmas Joyeux Noël Frohe W
oyeux Noël Frohe Weihnachten

Weihnachtsgans & Co.

Burghard Bartos

ars Edition

1. Auflage 2002

Gestaltung und Fotografie:

Greenstuff, Iris & Jochen Grün, München

Requisite: Ulla Krause

Redaktion: Isabelle Fuchs

Textlektorat: Bettina Gratzki, Ricarda Nolte

ISBN 3-7607-1985-6

www.arsedition.de

Inhalt

Würstchen mit Kartoffelsalat .... 4 

 8 .... Reichenauer Gemüsesuppe

Finnischer gepökelter Lachs .... 12 

 16 .... Hamburger Aalsuppe

Karpfen in polnischer Sauce .... 20 

 24 .... Englisches Roastbeef

Schwedischer Weihnachtsschinken »Julskinka« .... 28 

 32 .... Altländer Rippenbraten

Rheinischer Weihnachts-Salat .... 36 

 40 .... Lüneburger Heidschnuckenkeule

Weihnachtsgans .... 44 

Alle Rezepte gelten, sofern nicht anders angegeben, für 4 Personen.

Würstchen mit Kartoffels

So ganz genau weiß heutzutage niemand mehr, wer die Kartoffeln aus Amerika mitgebracht hat. Spanier werden es gewesen sein, die bei ihren Beutezügen die Knollen als Notration mitnahmen. Tartuffolo sagten die Italiener zu diesen Knollen, die in der Erde wachsen. Bei uns hießen sie Erdäpfel und Grundbirnen und setzten sich erst durch, als der Alte Fritz das Machtwort sprach: »Die Wurzeln sollt ihr fressen, nicht die Früchte.«

Auf einmal waren die dampfenden Kartoffeln in allen Küchen zu finden – bei Arm und bei Reich. Zu Recht, denn aus Kartoffeln lässt sich beinah alles machen. So ist es kein Wunder, dass es Anfang dieses Jahrhunderts noch rund tausend Kartoffelsorten bei uns gab: Sie schmeckten buttrig, cremig, sahnig, würzig, erdig, nussig, herb, wenn man den alten Katalogen trauen darf. Heute heißt das nur »fest kochend« oder »mehlig«. Kein Wort über den Geschmack. Dabei sind Sorten wie das Bamberger Hörnchen, in Bamberg zärtlich »Hörnle« genannt, heute in Gourmet-Tempeln zu finden; und das zu Preisen von Luxusgütern.

So ein edler Kartoffelsalat kommt am 24. Dezember gerade recht, schließlich schüttelreimt sich Heiligabend mit Recht auf »eilig habend«. Und da Kartoffelsalat beizeiten vorbereitet wird, er muss ja gut durchziehen, braucht man nach dem Kirchenbesuch nur noch die Würstchen heiß zu machen.

Ach ja, die Würstchen. Als der Wiener Selchermeister Johann Georg Lahner im Jahr 1806 das erste Brüh-Würstl machte, dachte er leider nicht an sprachliche Verwicklungen. Gelernt hatte er in Frankfurt, also nannte er die aus vier Teilen Jungbullenfleisch und zwei Teilen magerem Schweinefleisch gemischten Würstl eben »Wiener Frankfurter«. Sie kamen zu kaiserlichem Ansehen, werden mit der Hand gegessen und heißen in Deutschland »Wiener«, in Österreich aber »Frankfurter«. Pfeffer, Macisblüte, Piment, Koriander und Paprika geben ihnen den Geschmack, auf den viele am Heiligen Abend um keinen Preis verzichten möchten.

Würstche

Zutaten:

1 kg Kartoffeln

100 g Speck, durchwachsen, geräuchert

2 Zwiebeln

3 El Öl

3 El Essig

250 ml Brühe

Salz

Pfeffer

Zucker

Ca. 12 Würstchen für 4 Personen

mit Kartoffelsalat

ANLEITUNG: *Kartoffeln waschen und in Salzwasser gar kochen. Heiß pellen und etwas abkühlen lassen. Dann in Scheiben schneiden oder würfeln. Speck und Zwiebeln würfeln, mit dem Öl leicht anbräunen, mit Essig und Brühe ablöschen, aufkochen und über die warmen Kartoffeln gießen. Mit Salz, Pfeffer und Zucker abschmecken und bis zum Servieren warm stellen.*

TIPPS: *Wers deftig mag, verfeinert den Salat mit gehackten Eiern, Sardellenfilets und saurer Sahne. Wers magerer mag, lässt den Salat auskühlen und verlängert mit Joghurt und geschnitzelter Gurke. Mehr Farbe kommt ins Spiel, wenn man Tomaten, rote Paprika, Lauch und viele frische Kräuter und Schinkenstreifen hinzugibt. Aber Vorsicht: Edelkartoffeln schmeckt hier niemand mehr heraus.*

Reichenauer Gemüsesupp

Reichenau, grünendes Eiland, wie bist du vor andren gesegnet«, schrieb im neunten Jahrhundert der Klosterbruder Ermenrich auf der »reichen Aue« im ersten Benediktinerkloster Deutschlands. Innerhalb seiner Mauern richtete der Abt Walahfried Strabo einen Klostergarten ein, der für die anderen Klostergärten Deutschlands richtungsweisend wurde. In seiner Schrift über den Gartenbau beschrieb er alle anfallenden Arbeiten, vom Hacken über das Vereinzeln der kleinen Pflanzen bis zum Gießen aus der hohlen Hand, damit die zarten Blätter nicht vor dem kalten Wasser erschrecken. In seinem Garten wuchs alles durcheinander: Kerbel und Kohl, Lilie und Lauch, Rose und Rettich, Fingerhut und Fenchel. Hier begann, was wir heute nachhaltigen Landbau nennen.

Die Reichenau ist die größte der Bodenseeinseln und hat mit ihrem milden Klima den Gemüseanbau geradezu angezogen. Frost ist hier selten, weil der Bodensee wärmt.

Nur wenn die Seegfrörne den Bodensee zudeckt, wenn die Leute mit der Kutsche oder dem Auto übers Schwäbische Meer fahren und ganze Völkerscharen sich mit Schlitten und Schlittschuhen beim großen Bodensee-Volksfest auf dem Eis tummeln, wird es sogar auf der Reichenau eisig. 1573 wurde zum ersten Mal die Statue des Evangelisten Johannes von Münsterlingen nach Hagnau sieben Kilometer übers Eis getragen. Bei der nächsten Seegfrörne 1684 kehrte sie wieder zurück und pendelt seitdem zwischen der Schweiz und Deutschland hin und her.

Selten genug, seit die Winter bei uns immer wärmer werden. Aber immerhin wird es im Advent so frisch auf der Reichenau, dass man sich abends nach einer weiten Wanderung um die Insel gern an einen Tisch setzt, auf dem ein großer Topf mit heißer Gemüsesuppe dampft. Wenn dann auch noch ein Glühwein winkt, hat die Erkältung keine Chance.

Zutaten:

Je 200 g
Blumenkohl,
Brokkoli,
grüne Bohnen,
Fenchel,
Lauch und
Möhren

150 g Kirschtomaten

2 Schalotten

4 El Gänseschmalz

1 l kräftige
Fleischbrühe, heiss

100 g Crème fraîche

Salz, Pfeffer

Einige Blätter Basilikum

Reichenauer Gemüsesuppe

Anleitung:

Gemüse putzen, klein schneiden und blanchieren. Tomaten blanchieren und häuten. Die geschälten, klein gehackten Schalotten im Gänseschmalz andünsten, das Gemüse (mit Ausnahme der Tomaten) in den Topf geben und im Gänseschmalz wenden. Die Brühe dazugießen, nur wenige Minuten köcheln lassen, damit das Gemüse noch Biss hat. Crème fraîche dazugeben und mit Salz und Pfeffer abschmecken. Die Tomaten in der Suppe kurz anwärmen, nicht mehr kochen lassen. Die Suppe auf Teller verteilen und mit Basilikum dekorieren.

Finnischer gepökelter Lachs

Zum Winter hin, wenn das klare Wasser der finnischen Küste wieder kälter wird, machen die Fischer besonders guten Fang. Da gibt es Brachsen und Felchen, Zander und Maränen, Ostseehering und Lachs. Eine besondere Köstlichkeit und ganz typisch für die finnische Küche ist gepökelter Fisch: eingesalzen und mit viel Dill gereift.

Weihnachten ist auch in Finnland das Fest der Familie und vor allem der Kinder. In diesen längsten Nächten des Jahres, wo das Nordlicht über die weiten Wälder geistert, wird aus dem Land der tausend Seen das Land der tausend Verwandten. Und alle wollen sie verköstigt sein, Kälte macht schließlich hungrig. Deshalb biegen sich die Tische unter der Last der Schüsseln und Teller.

Die längste Grenze hat Finnland zum Meer. So kommen die unzähligen Fischgerichte auf den Weihnachtstisch. Die längste Grenze an Land haben die Finnen mit Russland. Das bringt köstliche Piroggen mit zahllosen Füllungen auf die

Tafel und den Hang, für die Gäste nur das Beste aus Küche und Keller herzugeben. Die Grenze nach Westen teilt Finnland mit Schweden, so haben sich beide Küchen stark beeinflusst. Dazu ist finnisches Design berühmt für seine Tassen und Töpfe, Leuchter und feinen Leinendecken.

Es ist aber wirklich ärgerlich: Kaum ist der Großvater noch einmal im Schuppen verschwunden, um sein selbst gebrautes Weihnachtsbier zu prüfen, bevor er es gleich den Gästen einschenkt, gerade dann erscheint der Joulopukki. Die Kinder erstarren, die Festgesellschaft verstummt, wenn der finnische Weihnachtsmann die Tür aufreißt und, noch mit Schneeflocken behangen von seiner weiten Reise, ins Zimmer tritt. Gedichte und Lieder hört er sich an. Und dann bekommen brave Kinder ihre Geschenke, brave Gäste bekommen Weihnachtsbier.

Finnische

Zutaten:

Lachs (ca. 1 kg)

4–5 Tl Meersalz

2 Tl Zucker

1 Tl Pfeffer, grob gemahlen

Viel Dill

Finnischer ge

Finnischer gepökelter Lachs

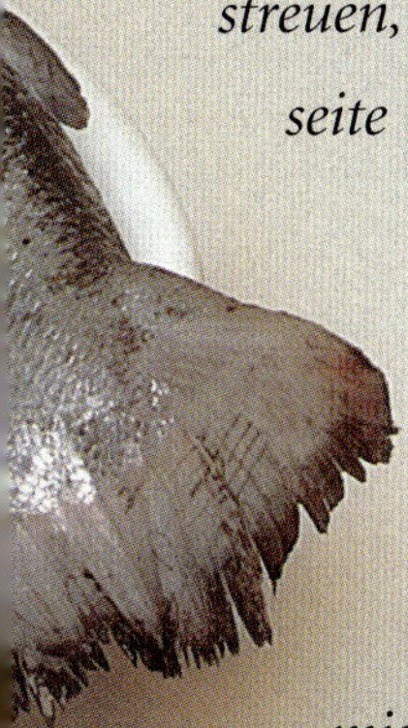

ANLEITUNG: *Lachs filieren, aber nicht häuten, und trocken tupfen. Salz , Zucker und Pfeffer gut mischen, den Dill grob schneiden. Die Hälfte der Salzmischung in einen Kunststoffbeutel streuen, ein Lachsfilet mit der Hautseite nach unten darauf legen, das andere mit der Innenseite darüber, sodass Kopf- und Schwanzende übereinander liegen. Mit der restlichen Salzmischung und dem ganzen Dill bestreuen. Beutel luftleer zubinden und den Lachs beschweren. Das Paket täglich wenden und an einem kühlen Ort liegen lassen. Nach drei Tagen Salz und Dill mit einem Messerrücken gut abkratzen und den Fisch servieren.*

SENFSAUCE: *In Finnland wird der Lachs ohne Sauce gegessen. Wenn Sie nicht darauf verzichten möchten, verrühren Sie 3 El scharfen Senf mit 2 El Zucker, 4 El Essig und 3 El Olivenöl und geben viel klein gehackten frischen Dill dazu.*

Hamburger Aalsuppe

»Aale-Aale-Aale-Aale!!!«, dröhnt es aus einem Verkaufswagen. Ein Prachtexemplar von Aal wird dazu in der Luft geschwenkt. »Aalles für dreißig!«, geht es weiter, während der Aal von zwei »Locken« Gesellschaft bekommt: von Schillerlocken. Obendrauf landet ein feister Bückling. »Aale-Aale-Aale-Aale!!!«

Er ist eine Hamburger Kuriosität, der Fischmarkt unten am Hafen. Jeden Sonntag in aller Herrgottsfrühe geht das Gebrüll um Fisch und Apfelsinen, um Gummibäume und Bananen los. Wer will, kann so den Adventssonntag beginnen, ob er nun an den St.-Pauli-Landungsbrücken aus dem Zug oder Schiff oder Reisebus steigt. Einen Aal braucht er ja sowieso für die echte Hamburger Aalsuppe. Und es spielt dabei gar keine Rolle, ob man erst morgens anreist oder schon seit Samstagabend unterwegs ist. Beim Hamburger Winter-Dom vielleicht oder sonstigen nächtlichen Verlockungen.

»Aale-Aale-Aale-Aale!!!«

Flussaale sind ganz erstaunliche Fische. Zehn, ja fünfzehn Jahre leben sie in unseren Flüssen. Dann erst färben sie sich tiefschwarz und wandern zum Laichen in die Sargasso-See.

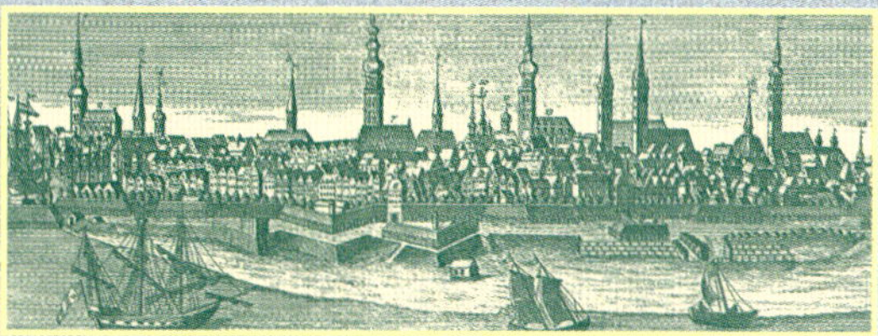

3500 Seemeilen sind das von der Elbmündung aus. Kein Wunder also, dass Aale für diese Wanderung ein dickes Fettpolster unter der Haut tragen. Eben dieses Fett macht sie seit Jahrtausenden so begehrt. Nur an der Küste kommt der Aal grün, also ungeräuchert in die Pfanne, die meisten nehmen ihren Weg erst durch die Räucherkammer.

Aale-Aale-Aale-Aale!!!« Wer sich mit Fisch eingedeckt hat, kann sich anschließend in eine der kleinen Seemannskirchen am Hafen setzen. Besonders zu empfehlen ist die schwedische, weil hier die Lucia erscheint, ganz weiß gekleidet und hoch aufgerichtet, auf ihrem blonden Haar eine Krone mit brennenden Kerzen. Lucia bringt symbolisch das Licht in den langen skandinavischen Winter. Am 13. Dezember, dem Luciatag, wurde vor der Kalenderreform die Wintersonnenwende gefeiert. Die Tage wurden nun wieder länger, wenn das kein Grund zum Feiern ist. Aber den Aal steckt man vorher besser in eine Plastiktüte – sonst riecht das so.

Zutaten:

Für die Suppe:

1 Bund Suppengrün

1 Stück Schinkenknochen

2 ½ l Wasser

750 g Räucher-Aal

2 Zwiebeln

125 ml Weinessig

8 Pfefferkörner

4 Nelken

125 ml Weisswein

75 g Kurpflaumen

75 g Apfelringe

Je 1 Tl Thymian, Salbei und Basilikum

Für die Griessklösschen:

100 ml Milch

30 g Butter

50 g Griess

1 Ei

Hamburger Aalsuppe

Anleitung: *Suppengrün würfeln und mit dem Knochen im Wasser 3 Stunden lang köcheln lassen. Brühe durchsieben. Den Aal filieren, häuten und dann in mundgerechte Stücke schneiden. Aalabfälle mit ungeschälten, geachtelten Zwiebeln, Essig, Pfeffer, Nelken und Weißwein 30 Minuten in der Brühe kochen. Abseihen und Brühe abschmecken. Inzwischen die Milch mit der Butter aufkochen, Grieß und Ei dazurühren, bis sich die Masse vom Topf löst. Abkühlen lassen und mit einem Teelöffel Klößchen formen. Aalstücke, Pflaumen, Apfelringe (evtl. klein geschnitten) und Gewürze sowie die Klößchen in die Fischbrühe geben und das Ganze 10 Minuten ziehen lassen.*

Karpfen in polnische

Gibt es eine weihnachtlichere Sauce als die polnische? Dunkles Bier macht die Sauce rund, Pfefferkuchen macht sie sämig. Das muss ja ein Festessen werden. Polnische Sauce wurde vor allem in den deutschen Ostprovinzen gegessen. Kein Wunder, allein die schlesischen Fischteiche lieferten damals die Hälfte aller Karpfen für das ganze Land.

Frisch muss der Karpfen sein. Und so machen sich die Leute in der Vorweihnachtszeit auf den Weg zu den Fischteichen der Umgebung. Regelrechte Karpfenfeste werden beim Abfischen gefeiert, wenn sich Hunderte und Tausende von Karpfen in den Fischhältern drehen und winden, bis sie auf die Waage kommen. Am meisten gefragt ist der Spiegelkarpfen, also mit hellem Bauch und nur vier Schuppenreihen an der Seite.

Sauce

Männlich soll er sein, mit ordentlich Milch im Bauch, die allein schon eine Delikatesse ist. Am besten ein junger Bursche, alte Knaben schmecken leicht brackig, nicht zu reden von bemoosten Rücken.

Nun haben Karpfen so ihren Ruf. Fruchtbar sind sie: Ein Weibchen legt eineinhalb Millionen Eier in ihrem Leben, und Allesfresser sind sie auch. Das hat ihnen den Beinamen vom Schwein im Fischteich eingetragen. Und viele Gräten haben sie, die sich in der undurchsichtigen braunen Soße meisterlich verstecken, um dann zielgenau im Zahnfleisch der ungeübten Fischesser zu landen. Erfahrene Karpfenesser lassen sich nicht aus der Ruhe bringen. Sie ist oberstes Gebot beim Karpfenessen, und nach all der Hektik der Adventszeit sollte man sich sowieso Ruhe gönnen. Dann nämlich schmeckt so ein Karpfen in brauner Tunke, wie die Schlesier zur Sauce sagen, einfach herrlich.

Karpfe

Zutaten:

1 Karpfen (ca. 1200 g)

1 El Salz

2 Bund Suppengemüse

1 Zwiebel

1 El Öl

2 Lorbeerblätter

½ Tl Piment- und Pfefferkörner

500 ml dunkles Bier

100 g Pfefferkuchen oder Printen, gerieben und in Bier aufgeweicht

2 El Butterflocken

Zucker, Essig, Salz, Zitronensaft

n polnischer Sauce

ANLEITUNG: *Den küchenfertigen, geschuppten Karpfen waschen, in Stücke schneiden und mit Salz bestreuen. Das Suppengemüse und die klein gehackte Zwiebel im Öl andünsten, die Gewürze dazugeben, mit Bier ablöschen und eine Viertelstunde garen. Fischstücke zu dem Gemüse geben, eine weitere Viertelstunde garen und auf einen Teller heben. Pfefferkuchen in den Sud krümeln, aufkochen und alles durch ein Sieb passieren. Sud eventuell mit den Butterflocken binden und mit Zucker, Essig, Salz und Zitronensaft abschmecken. Fischstücke in die Sauce legen, kurz ziehen lassen und den Karpfen mit Salzkartoffeln servieren.*

TIPPS: *Wenn die Sauce zu dick geworden ist, kann sie mit Bier oder Rotwein verdünnt werden. Sie passt übrigens auch sehr gut zu Bratwurst.*

Englische

Während wir in Deutschland gar nicht so genau wissen, seit wann es bei uns die ersten Christbäume gibt, können wir für England ganz klar sagen: seit 1840. Damals nämlich heiratete Queen Victoria den Prinzen Albert von Hessen, und der brachte den Brauch nach England mit.

Aber schon vorher war es üblich, zur Winterzeit etwas Grünes über die Tür zu hängen, nämlich den bekannten Mistelzweig. In vorchristlicher Zeit durfte er nur von Druiden geschnitten werden, und zwar nur mit einer goldenen Sichel und nur aus geheiligten Eichbäumen. Heutzutage kann man Mistelzweige kaufen und über der Tür befestigen, um Schaden von allen Hausbewohnern abzuwenden. Und immer wenn zwei Menschen sich darunter begegnen, ob zufällig oder nicht, dürfen sie einander küssen.

Roastbeef

Weihnachten ist in England ein fröhliches Fest, zu dem Knallbonbons, Musik und Tanz genauso wie gutes Essen gehören. Zwar geht der englischen Küche kein hervorragender Ruf voraus, aber wenn ein großer knuspriger Truthahnbraten auf den Tisch kommt, ist das schon ein erhebender Anblick. Vor allem, wenn das weiße Fleisch möglichst saftig ist.

Zur englischen Weihnacht gehören gleich zwei Puddinge, einer so saftig wie der andere. Einer ist der Yorkshirepudding, der am besten in einer Auflaufform gebacken wird, die unter dem Festbraten im Backofen steht. Dort nimmt er Bratensaft und Bratenduft in sich auf, ob er nun unter einem Puter steht oder unter dem anderen Nationalgericht, dem Roastbeef, von dem es heißt: Ein gutes Stück Rindfleisch kann niemand verderben. Der andere – süße – Pudding ist der Plumpudding, der mit Rum übergossen und brennend serviert wird. Als Sauce gibt es Sherry-Butter dazu. Ein wuchtiger Abschluss fürs Festessen – nur gut, dass ein Mistelzweig über der Tür vor Schaden bewahrt.

Zutaten:

1000 g Roastbeef mit Fett und Knochen (auch Zwischenrippenstück, Rostbraten oder Beiried genannt)

Salz, Pfeffer

6 El Öl

250 ml kochendes Wasser

2 Zwiebeln

375 ml heiße Fleischbrühe

1 El Speisestärke

125 ml saure Sahne

Englisches Roastbeef

ANLEITUNG: *Den Ofen auf 220 °C vorheizen. Die Fettschicht vom Roastbeef netzförmig einschneiden und von allen Seiten mit Salz und Pfeffer einreiben. Den Bratenrost einölen und das Fleisch mit der Fettschicht nach oben auflegen. Über der Fettpfanne in der 2. Einschubleiste von unten in den Ofen schieben. Nach einer Viertelstunde die Temperatur auf 150 °C schalten und 250 ml kochendes Wasser in die Fettpfanne gießen. Die halbierten, ungeschälten Zwiebeln dazugeben. Den Braten nach einer Stunde herausnehmen und warm stellen. Bratensatz mit der Brühe loskochen, entfetten, mit Stärke und saurer Sahne binden und mit Salz und Pfeffer abschmecken.*

TIPPS:

Die Engländer und Schotten essen die Sauce ungebunden und als Beilage Yorkshirepudding. Kaltes Roastbeef schmeckt auch mit Remouladensauce.

Schwedischer Weihnacht

Wer in den Norden von Europa reisen will, der reist vor allem nach Schweden. Ob von Dänemark oder Deutschland, von Polen oder dem Baltikum, eine der vielen Fähren bringt den Besucher über die See ins Land. Dort sucht der Reisende die Weite und Ruhe, die bei uns nur schwer zu finden ist.

Und der Weihnachtsschinken? In den weiten Wäldern Schwedens lebten die Schweine oft halbwild. Manche Bache wurde von einem wilden Eber beglückt und brachte eines Tages gestreifte Ferkel zur Welt. Die hatten besonders kerniges Fleisch, ein feiner Wildgeschmack kam dazu und eine gute Schwarte. Wer solches Fleisch auf den Tisch bekam, konnte froh sein und lud sich Gäste zu Weihnachten ein. Onkel und Tanten reisten an, Cousinen und Vettern, Enkel und gute Freunde, die alle am größten Fest des Jahres mit der Familie zusammen sein wollten. Sicher brachten sie einen Julbock mit, strohgeflochten und mit roten Schleifen, ein heidnisches Symbol für Wotan, den

Gott, der für Weizen und Roggen zuständig war. Von ihm erhofften sich alle eine volle Scheune und eine gefüllte Schüssel im Winter.

Am 24. Dezember aß man am Morgen einen schönen Brei aus Gerste, Milch und Butter, um den Magen zu beruhigen, denn der Tag war lang bis zum Gottesdienst. Erst in der Nacht ging ein Prassen los, wie es heute selten ist. Gepökelter Lachs, marinierte Heringe in jeder Geschmacksrichtung, Pasteten von Schweine-, Dorsch- und anderer Leber, mild überbackener, zartsüßer Steckrübenauflauf, Salat von Kartoffeln, Rotkohl und vieles mehr. Anfang und Ende waren nicht abzusehen, bei Wacholderbier und Wodka auch nicht ersehnt. Es konnte Tage dauern, bis das Feiern ein Ende hatte. Die Krönung dieser ganzen Herrlichkeit ist aber immer der große, der duftende, der herrliche Weihnachtsschinken, Julskinka, der sich herleitet vom heiligen Julschwein und in heidnischen Zeiten zur Wintersonnenwende aufgetischt wurde.

Schwedischer Weihnach

Zutaten:

(für 12 Personen)

1 Schinken von 3,5 kg, leicht gepökelt und geräuchert

4–6 Lorbeerblätter

1 El schwarze Pfefferkörner

1 El Pimentkörner

1 Tl Wacholderbeeren

1 Tl Nelken

Zum Überbacken:

3 El Senf

1 Eiweiss

1 El Farinzucker

6 El Semmelbrösel

Grosse Gewürznelken

Zum Servieren:

Wirsingblätter, blanchiert

4 rote Äpfel

150 g Backpflaumen

chinken »Julskinka«

ANLEITUNG: *Den Schinken lauwarm abspülen und die Schwarte abbürsten. Mit der Schwarte nach oben und allen Gewürzen in einen großen Topf legen und mit kaltem Wasser fast bedecken. Im geschlossenen Topf 3,5 Stunden bei niedriger Temperatur leicht sieden lassen, nicht kochen. Herausnehmen und abkühlen lassen, anschließend in eine Fettpfanne legen, die Schwarte zeigt nach oben. Erst mit Senf, dann mit verquirltem Eiweiß bestreichen, mit Zucker und Bröseln bestreuen.*

Die Schwarte rautenförmig einritzen und in die Mitte jeder Raute eine Nelke stecken. Den Schinken im vorgeheizten Ofen auf der untersten Schiene 15 Minuten backen, bis sich eine schöne Kruste bildet. Auf Wirsingblätter legen und mit halbierten Äpfeln (Schnittfläche nach unten) und Pflaumen drumherum anrichten. Cumberlandsauce, Apfelmus und Meerrettichsahne dazu reichen.

Altländer Rippenbraten

Soviel Trubel die Touristen im Frühjahr zur Baumblüte und im Herbst zur Obsternte auch mitgebracht haben, jetzt im Dezember kehrt im Alten Land Ruhe ein. Die Kirschen sind verkauft, Äpfel und Birnen lagern zu Tausenden von Tonnen in den Kühlhäusern. Null Grad Celsius und Kohlensäure statt Luft halten sie bis zur nächsten Ernte knackig frisch. Behäbig liegen die mächtigen Bauernhäuser zwischen den Obstgärten, recken ihre kunstvoll geschmückten Fachwerkgiebel stolz zur Straße hin.
Beinahe bescheiden nehmen sich dagegen die Kirchen im Alten Land aus. Aber nur auf den ersten Blick. Drinnen über den grau lackierten Bankreihen und Emporen residieren die Orgeln in einer Größe, wie es niemand erwarten würde. Arp Schnitger als der bekannteste Orgelbauer Norddeutschlands sei genannt; Altländer Orgelwochen stehen allemal auf europäischem Niveau. Es ist eine

ganz eigene Weihnachtsstimmung, beim Klang dieser Orgeln des 17. Jahrhunderts durch Millionen von Obstbäumen auf den alten, gewundenen Deichen nach Hause zu wandern.

Ganz recht haben es die Altländer Bauern damals gemacht, als sie Äpfel- und Birnbäume pflanzten, Pflaumen- und Kirschbäume anbauten. Im 12. Jahrhundert wurde von den Holländern der fette Marschboden abgedeicht und der Elbniederung abgetrotzt. Gräben und Pumpwerke halten im Sommer noch heute die Obstgärten trocken, die sich das größte geschlossene Obstanbaugebiet Europas nennen dürfen. Jetzt im Winter sind die kilometerlangen Gräben geflutet, das »warme« Elbwasser nimmt sogar Spätfrösten ihren Schrecken. Wohl ist das Klima etwas rauer als erwartet. Aber mit einem guten Boskop aus dem Alten Land ist es wie mit einem guten Riesling aus dem Elsass, beide brauchen ihren Morgennebel fürs Aroma.

Zutaten:

1,5 kg leicht gepökelte Schmorrippe vom Schwein

125 g Backpflaumen

125 ml Rotwein oder Lindenblütentee

3 Äpfel (Boskop oder Cox Orange)

1 unbehandelte Zitrone

125 g Semmelbrösel

Salz, Pfeffer

Butterschmalz zum Braten

500 ml Brühe

1–2 El Stärkemehl

Altländer Rippenbraten

ANLEITUNG: *Entlang der Rippen eine große Tasche vom Metzger ins Fleisch schneiden lassen. Die Backpflaumen in Rotwein oder Lindenblütentee einweichen, dann vierteln. Die Äpfel schälen und achteln, Kerngehäuse ausschneiden. Äpfel, Pflaumen, Schale und Saft von der Zitrone und Semmelbrösel mischen und in die Tasche füllen. Tasche mit Küchengarn zunähen und die Hautseite über Kreuz einschneiden. Das Fleisch in einem Bräter rundherum in Butterschmalz anbraten, mit der Brühe ablöschen und zudecken. Im vorgeheizten Backofen bei 200 bis 220 °C (Gasherd: Stufe 4) mit den Knochen nach unten 90 Minuten braten. Dann den Deckel abheben und 30 Minuten offen braten. Fleisch herausnehmen, Bratensatz mit der restlichen Brühe loskochen, Sauce entfetten und mit dem Stärkemehl binden. Anschließend den Braten in Scheiben schneiden. Dazu kann man Kartoffelklöße und Salat reichen.*

Rheinischer Weihnachts

Fast lautlos setzt sich der Zug wieder in Bewegung, gleitet über die Rheinbrücke geradewegs auf den Kölner Dom zu. Der Platz zwischen Bahnhof und Dom ist ein einziger Weihnachtsmarkt. Bunte Lichter, Glühweinduft und Bratwurstschwaden, Spielzeug und rheinische Frohnatur hüllen uns ein. Wir kämpfen uns zum mächtigen gotischen Dom durch. Der Dreikönigsschrein hat es uns angetan, jetzt in der Adventszeit. Hier sollen sie nämlich ruhen, die Gebeine der Heiligen Drei Könige Kaspar, Melchior und Balthasar.

Damals, vor 2000 Jahren, hatten die drei Weisen aus dem Morgenland einen weiten Weg zurückzulegen – von Babylon im Zweistromland bis nach Jerusalem. Als der Stern ihres höchsten Gottes aufging und ihnen die Geburt des Erlöserkönigs anzeigte, wie es im Alten Testa-

alat

ment geweissagt war, brachen sie auf, mit großer Dienerschaft und prächtigen Geschenken. Und da sie glaubten, ihn in Jerusalem zu finden, machten sie erst beim König Herodes Station, bevor sie zum Stall in Bethlehem kamen. Da war das Kind schon geboren und sie fielen nieder und beteten es an. Aber wie kamen sie nach Köln? Ihre erste Ruhestätte fanden die Gebeine der Drei in Konstantinopel, später kamen sie nach Mailand. Und als Kaiser Barbarossa die Stadt Mailand unterwarf, schenkte er die Gebeine seinem Kanzler, dem Erzbischof Reinhard von Dassel. Der ließ sie mit Wagen und Rheinschiffen nach Köln verfrachten, wo er Bischof war. Und dort liegen ihre Knochen seit dem Jahr 1248 bis heute.

So wie die drei Heiligen erst ein paar Tage nach der Geburt Jesu ankamen, so kommt auch der Rheinische Weihnachts-Salat erst zum Ende der Feiertage zur Geltung. Dann nämlich, wenn jedem der Mund gründlich mit Marzipan und Pfefferkuchen verkleistert ist, wenn der Gänsebraten den Magen drückt und alle etwas Herzhaftes kosten wollen.

Rh

Zutaten:

6 doppelte Matjesfilets

250 ml Milch

250 g Rindfleisch zum Kochen

Salz

1 Bund Suppengrün

250 g Pellkartoffeln, gekocht

2 säuerliche Äpfel

125 g Rote Beete (Konserve)

125 g Gewürzgurken

1 Zwiebel

1 El Kapern

50 g Walnusskerne

Für die Marinade:

250 ml saure Sahne

50 g Mayonnaise

1 El Essig

Zucker, Salz, Pfeffer

Zum Garnieren:

2 hart gekochte Eier

1 Bund Schnittlauch

ischer Weihnachts-Salat

ANLEITUNG: *Die Matjesfilets in der Milch über Nacht ziehen lassen. Das Rindfleisch 30 Minuten im sprudelnden Salzwasser kochen. Das geputzte Suppengrün dazugeben und 20 Minuten weiterkochen. Das Fleisch im Sud abkühlen lassen. Die Kartoffeln pellen. Die Äpfel schälen, entkernen und grob würfeln. Rote Beete, Gewürzgurken und Zwiebel fein würfeln. Kapern fein, Walnusskerne grob hacken. Fleisch und Fisch in mundgerechte Stücke schneiden. Alles in einer Schüssel gut mischen. Sahne, Mayonnaise und Essig verquirlen, mit Zucker, Salz und Pfeffer kräftig abschmecken. Den Salat damit marinieren und gut durchziehen lassen. Eier schälen und vierteln, Schnittlauch hacken und den Salat damit dekorieren. Dazu werden frisches Weißbrot und gut gekühltes Bier gereicht.*

Lüneburger Heidschnuc

Angefangen hat alles mit dem Lüneburger Salz. Salz für Pökelfleisch und Salzheringe und Stockfisch. Salz ist weißes Gold, und in Lüneburg sprudelt es einfach aus der Erde. Um aus der Sole, dem salzigen Quellwasser, aber Salz zu machen, wurden die Wälder rund um Lüneburg kurzerhand als Brennholz unter die Sudkessel geschoben.

Die Stadt Lüneburg blühte auf im Reichtum, dafür verödete ringsum das Land. Auf den armen Sandböden wuchsen keine Buchen und Eichen mehr. Lila Heidekraut, ein paar Wacholder zwischendrin und Land, so weit das Auge reicht. Aus der Not eine Tugend zu machen ist bekanntlich eine Kunst. Hier gelang es: die Lüneburger Heide wurde geboren, Deutschlands erster Naturschutzpark, ein Ausflugs- und Wanderziel erster Güte. Dafür hat nicht zuletzt der Dichter Hermann Löns gesorgt. Wer sonst nichts von ihm kennt, hat sicher sein Lied im Ohr: »Auf der Lüneburger Heide, in dem wunderschönen Land ...«

keule

Damit die Lüneburger Heide bleibt, wie sie ist, werden sommers wie winters ganze Herden von Heidschnucken in die Heide getrieben. Sie knuspern das Heidekraut wie Zwieback, hoffnungsfrohe Birkenschösslinge und alles andere fressen sie ratzekahl weg. Die hellgrauen Heidschnucken mit den schwarzen Köpfen gehören zu den Mufflons und stammen von der Insel Korsika. Große Böcke wiegen bis zu 80 Kilogramm; niemand macht mit ihrem wuchtigen Gehörn gern Bekanntschaft. Niedlich sehen die Märzlämmer aus, in ihrem Fell nach Persianerart. Vor allem aber in der Küche werden Heidschnucken sehr geschätzt, denn ihr Fleisch schmeckt zugleich nach Lamm und Wild.

Wenn der Nordwest über die Heide pfeift, ist jeder Wanderer froh über ein Licht, das zwischen Eichenzäunen unter dem tief gezogenen Reetdach eines Gasthauses hervorblitzt. Er darf sich auf würzigen Braten freuen, auf Rosenkohl und Grießklöße und ordentlich Schluck, wie hier der Korn genannt wird.

Lüneburge

Zutaten:

800 g Heidschnuckenkeule ohne Knochen
Salz, Pfeffer
1 Knoblauchzehe
1 Tl Senf
250 g Roggenbrotteig (vom Bäcker)
1 Eigelb

Für die Rotweinsauce:

250 g Lammknochen, gehackt
2 El Öl
250 g Gemüse (Karotten, Zwiebeln, Sellerie, Petersilienwurzel)
1 El Tomatenmark
1 Glas Rotwein
1 El Wacholderbeeren, zerdrückt
1 Tl Pfefferkörner, geschrotet
1 Lorbeerblatt
Salz, Pfeffer
2 El Butterflocken
Essig nach Geschmack

Heidschnuckenkeule

ANLEITUNG: Das Fleisch salzen und pfeffern. Die Knoblauchzehe pressen, mit dem Senf verrühren und das Fleisch damit bestreichen. Den Teig ausrollen, das Fleisch darin einwickeln, an den Nahtstellen mit Wasser oder Eigelb bestreichen und zusammenkleben. Das Fleisch auf ein Blech mit Backpapier setzen und bei 220 °C ca. 10 Minuten anbacken. Bei 180 °C 15 Minuten weitergaren, dann nochmals 15 Minuten im ausgeschalteten Ofen ruhen lassen. Für die Sauce die Knochen in Öl anrösten, dann das geputzte und klein geschnittene Gemüse mitbräunen, das Tomatenmark darin karamelisieren und mit Rotwein ablöschen. Einkochen lassen, mit 1 Liter Wasser auffüllen und 1 Stunde kochen. Die Gewürze dazugeben, alles nach 10 Minuten abseihen und die Sauce auf 3/8 Liter einkochen. Mit Salz und Pfeffer abschmecken, mit den Butterflocken binden und eventuell etwas Essig dazugeben. Dazu passen grüne Bohnen und Rahmkartoffeln.

TIPP: Statt Heidschnuckenfleisch eignet sich auch Lammfleisch. Nur fehlt dann der typische, etwas wildähnliche Geschmack.

Weihnachtsgans

Der heilige Martin war ein bescheidener Mann. Er teilte nicht nur den Mantel mit einem Bettler, er hielt auch alle Fastentage ein. Und wenn er nicht, wie die Legende sagt, in einen Gänsestall geflüchtet wäre, als die Leute von Tours ihn zum Bischof machen wollten, und die Gänse ihn durch ihr Geschnatter dort nicht verraten hätten: Nie wäre dieser brave Heilige mit Gänsen in Verbindung gebracht worden.

Wie kam es also zur Martinsgans?

Der 11. November war der Abschluss im Bauernjahr. Das Gesinde bekam seinen Jahreslohn und alle auf dem Bauernhof feierten bei Braten und Kuchen, Bier und Wein. Zu diesem Tag mussten auch die Abgaben an die Kirche geleistet werden, wozu auch Gänse gehörten.

So kam es, dass die Mönche gerade am 11. November, dem Todestag des heiligen Martin, den köstlichen Duft der gebratenen Gänse einsogen, der aus der Klosterküche herüberzog. Dadurch wurde der Heilige zum Gänsemartin – natürlich nur im Volksmund. Die Jahresfeste haben sich gewandelt. Heute ist aus der Martinsgans eine Weihnachtsgans geworden. Einen Gänsebraten leisten sich Kalorienbewusste heutzutage nur einmal im Jahr. Und das ist eben das höchste Fest – Weihnachten.

Gänsefleisch selbst ist mager, Gänsebraten leider nicht. Wasservögel tragen ihr Körperfett zur Isolierung direkt unter der Haut. Wer das Fett aber gut ausbraten lässt oder unter der knusprigen Haut sorgfältig abkratzt, der übersteht den weihnachtlichen Kalorienansturm unbeschadet, auch ohne Magenbitter, Gestöhn und gute Vorsätze, nie wieder so zu prassen. Einmal im Jahr schmeckt Gänsebraten köstlich. Besonders, wenn wir eingeladen sind, denn: Eingeladen macht nicht dick.

Zutaten:

1 Gans
(mindestens 3 kg)

Salz

500 g Äpfel
(z.B. Boskop)

1 Stängel Beifuss

1 Bund Suppengrün

Etwas Majoran

Pfeffer

Weihnachtsgans

ANLEITUNG: *Die Gans sorgfältig waschen, abtrocknen und von innen salzen. Mit geschälten, entkernten und geviertelten Äpfeln füllen, Beifuß zugeben und zunähen. Die Gans mit der Brust nach unten auf einen Bratrost legen. Eine Fettpfanne in den Ofen geben und den Bratrost auf der untersten Schiene bei 200 bis 220 °C (Gasherd: Stufe 3–4) in den vorgeheizten Backofen schieben. Häufig mit einer Bratnadel unter den Flügeln und den Keulen die Haut, nicht das Fleisch, anstechen und die Gans mit kochendem Wasser begießen, damit das Fett austritt. Wenn der Rücken gut Farbe angenommen hat, wird die Gans gewendet. Nach 1 Stunde das Fett aus der Pfanne abschöpfen. Nach 2 Stunden wieder das Fett abschöpfen, einen Bund geputztes Suppengrün in die Pfanne legen. Sobald der Bratensatz bräunt, die Gans mit etwas heißem Wasser begießen. Wiederholen, damit der Bratensatz nicht anbrennt. In den letzten 15 Minuten wird die Gans oft mit Salzwasser bepinselt, damit ihre Haut schön knusprig wird. Wenn sich die Keulen leicht eindrücken lassen, wird die Gans zum Ruhen aus dem Ofen genommen. Jetzt das restliche Fett aus der Fettpfanne abgießen, das Suppengrün entfernen, den Bratensatz mit so viel Wasser loskochen, wie Sauce gebraucht wird. Sauce mit Salz, Pfeffer und Majoran abschmecken.*

Bildnachweis

Bayerische Staatsbibliothek, München:
Seite 37: Kölner Dom, 1880

AKG, Archiv für Kunst und Geschichte GmbH, Berlin:
Seite 18/19: Der Fischverkäufer, Gemälde von Peter Baumgartner
Seite 36: Unter dem Weihnachtsbaum, Farblithographie, 1892

ARTOTHEK, Spezialarchiv für Gemäldefotografie, Peissenberg:
Seite 13: Der Geirangerfjord, Gemälde von Johannes B. Duntze, 1873
Seite 46: Mädchen mit Gänsen, Gemälde von Ernst Meissner

Altländer Archiv, Jork:
Seite 33: Postkartenmotiv aus dem Alten Land

Bildarchiv Hansmann, München:
Umschlag, Seite 44: Das Festessen
Seite 45: Heiliger Martin, Fenstermalerei aus dem 19. Jahrhundert

Christmas Joyeux Noël Frohe We
Noël Frohe Weihnachten Merry Ch
achten Merry Christmas Joyeux N
Christmas Joyeux Noël Frohe We
Noël Frohe Weihnachten Merry Ch
achten Merry Christmas Joyeux N
Christmas Joyeux Noël Frohe We
Noël Frohe Weihnachten Merry Ch
achten Merry Christmas Joyeux N
Christmas Joyeux Noël Frohe We
Noël Frohe Weihnachten Merry Ch
achten Merry Christmas Joyeux N
Christmas Joyeux Noël Frohe We

oyeux Noël Frohe Weihnachten M
eihnachten Merry Christmas Joye
y Christmas Joyeux Noël Frohe W
oyeux Noël Frohe Weihnachten M
eihnachten Merry Christmas Joye
y Christmas Joyeux Noël Frohe W
oyeux Noël Frohe Weihnachten M
eihnachten Merry Christmas Joye
y Christmas Joyeux Noël Frohe W
oyeux Noël Frohe Weihnachten M
eihnachten Merry Christmas Joye
y Christmas Joyeux Noël Frohe W
oyeux Noël Frohe Weihnachten M